W0410430

Paulas Erkenntnisse für ein leichteres Leben

AUF DIE NEUE ERDE KOMMST DU NUR OHNE EGO

SCHUBSE DAS TEUFELCHEN VON DEINER SCHULTER

Paula Himmelreich

Die neue Erde ist schon da, sie erwartet schon die künftigen Bewohner.

Nur Menschen mit einer hohen Energiefrequenz und ohne Ego können in der neuen Welt leben.

Das Ego ist in der Dualität manchmal dienlich, aber meist der Grund für Leid, Sorgen, Unzufriedenheit und innerer Unruhe.

Dieses permanente Geplapper im Kopf kann man abschalten, das ist möglich.

Die Paula ist bekannt für ihre Publikationen zum Thema Bewusstsein. In diesem Büchlein gibt sie dir eine Reihe praxisnaher Anleitungen, um endlich Ruhe von deinem nervigen Ego zu bekommen.

Du lernst die Tricks des Teufelchens auf deiner Schulter zu durchschauen, deine Identifikation loszulassen und wie du dich vor dem nächsten Ego-Angriff wappnen kannst.

Der Lohn dafür ist innere Ruhe und Gelassenheit.

Dein Leben wird sich grundlegend wandeln.

Aufgrund des Resonanzgesetzes bekommst du jetzt nur noch die wunderschönen Päckchen geliefert.

Das Ego der Menschheit ist die Ursache von Leid und Verderben. Streitigkeiten, Neid und Missgunst sind die Folge- ganze Völker ziehen in den Krieg, da sie dem Ego glauben. Das muss aufhören.

Die Erde und seine Bevölkerung steigen auf in eine höhere Dimension- das geht nur ohne Ego im Gepäck.

Es wird höchste Zeit diesen schmerzlichen Ballast abzuwerfen.

Die Liebe wird wieder in die Herzen der Menschen einziehen.

Wenn du verstanden hast, wie du das Teufelchen von deiner Schulter schubsen kannst, steht dir ein Leben auf der neuen Erde nichts mehr im Weg.

<u>Die Autorin</u>

Paula Himmelreich ist bekannt für ihre Publikationen zum Thema Bewusstsein.

Paulas Erkenntnisse die das Leben leichter machen

Viele Jahre ihres Lebens wurde sie von zahlreichen Krankheiten geplagt, sie litt unter vielen Ängsten und Panikattacken, ihre Gefühlswelt war ein einziges Chaos- kurz ihre Erwartungen an das Leben erfüllten sich nie. So konnte und wollte sie nicht weiter leben. Eine Lösung war dringend erforderlich. Sie begab sich auf die Suche nach einem „Rezept" wie sie endlich gesund und glücklich werden konnte.

Die Suche hat sie durch alle Themen gejagt. Je weiter sie kam, umso unglaublicher wurden ihre Erkenntnisse. Sie verstand- alles was sie bisher als wahr und richtig befand, musste sie wieder verlernen. Es begann die Zeit der Suche nach der Wahrheit, die sie jahrzehntelang beschäftigte. Die Möglichkeiten die sie fand, erlösten sie von allen ihren Problemen. Sie wurde wieder vollständig gesund. Sämtliche Ängste, Wut, Ärger, Frustrationen- kurz ihr ganzer Weltschmerz löste sich auf. Sie führt jetzt ein zufriedenes, harmonisches und ein sehr glückliches Leben. Sie fand einen einfachen und praktikablen Weg diese Gefühle, die für das Leid aller Menschen verantwortlich sind, aufzulösen.

Sie ist jetzt geistige Heilerin und Schreibmedium.

Die grundlegendste Erkenntnis, die sie gewann:

Die Wahrheit ist immer ganz einfach

Ihre Erfahrungen möchte sie mit den Menschen teilen, um ihnen auch den Weg zu zeigen endlich gesund und glücklich zu sein.

Haftungsausschluss

Bei psychischen oder körperlichen Beschwerden ist es ratsam einen Arzt aufzusuchen. Dieses Buch stellt keinen ärztlichen Ratgeber dar, und ist kein Ersatz für eine ärztliche Diagnose. Jegliche Haftung ist ausgeschlossen.

Herausgeber:

Veronique Geist,

Marktstr. 28, 86866 Mickhausen

paulahimmelreich@web.de

Inhaltsverzeichnis

Woher kommt sie denn eigentlich die Stimme in deinem Kopf?

Konditionierung beginnt im Kleinkinderalter

Die Identifikation mit dem Beruf

Die Identifikation mit der Partnerschaft

Die Identifikation mit dem Aussehen, kann schnell zur Ego-Falle werden

Das Ego-Säckchen auf deinem Rücken

Wirf dein Säckchen weg, du brauchst es nicht

Im Jetzt hat es dein Ego sehr schwer

Achtung so trickst dich das Ego aus!

So schickst du das Teufelchen in die Wüste

Dein Ego wird chancenlos, wenn du achtsam bist

Lerne achtsam zu sein

...und führe uns nicht in Versuchung...

Zusammenfassung mit Praxisanleitung

Die 10 wichtigsten Punkte für deine Ego-Zähmung

Schlusswort

Vorwort

Während meiner langjährigen Suche nach meinem inneren Frieden, bin ich auf unzählige Stolpersteine gestoßen. Sie haben alle verschiedene Bezeichnungen, und doch, und das ist wirklich faszinierend, entspringen sie einer gemeinsamen Quelle: Unserem Ego. Viele Anleitungen zu diesem Thema kann man sich einverleiben, mit dem Resultat: Beim nächsten "Lebensereignis" sind wir trotzdem wieder auf 180! *Theoretisch* sind diese Lösungsansätze einleuchtend, aber kaum praktikabel. Es musste doch eine Lösung geben um diesem Teufelskreis von: "Sich immer wieder ärgern" durchbrechen zu können. Klar, die kennen wir ja alle:

Diese Lösung nennt man Erleuchtung. Solchen Menschen, denen diese Gnade zuteil wird, können ziemlich entspannt durch das Leben wandeln.

Erleuchtung ist weder durch Meditation oder andere spirituellen Übungen zu erlangen- Erleuchtung geschieht einfach. Plötzlich und unerwartet. Es passiert einfach, wenn die Zeit für diesen Menschen reif ist.

Ich habe die Lebensgeschichte einiger erleuchteter Zeitgenossen näher betrachtet. Es ist total spannend, wie diese Menschen ihr Erwachen erlebt haben. Ihr Dasein war nach diesem Ereignis ein völlig anderes. Man sagt, bei diesem

"Ereignis" löse sich das Ego auf, oder anders ausgedrückt es rücke irgendwo in den Hintergrund. Was auch immer das bedeuten mag.

Zu mindestens berichten diese Menschen recht einstimmig, sie werden nicht mehr so stark von diesem permanenten Geratter im Kopf geplagt. Ein wunderbarer Frieden zieht ein. Das ganze Sein wird von Liebe und Ruhe erfüllt.

Tja, ich würde mal sagen: Das ist doch wirklich einmal ein erstrebenswerter Zustand. Diese Beschreibungen waren mein ganzes Leben lang mein persönlicher Antriebsmotor um diesen paradiesischen Zustand ebenfalls zu erreichen. Nichts anderes war mein erstrebenswertes Ziel:

Innerliche Ruhe und Gelassenheit erfüllt mit der unendlichen Liebe.

Egal wie stark der Sturm tobt,

egal welche Pappnasen mich aus der Reserve locken wollen,

und völlig egal wie verlogen die Nachrichten sind- diese himmlische Ruhe und Frieden suchte ich mein ganzes Leben lang und ich fand sie.

Noch nicht immer, aber **fast** immer.

Je mehr ich mich den Lebensgesetzen stellte und nicht **gegen** sie, desto leichter und friedlicher wurde es. Ein wirklicher Traum.

Das ist ein erstrebenswerter Zustand, den wirklich jeder erreichen kann.

Den Weg dahin wie du es auch schaffen kannst endlich Ruhe und Frieden zu erlangen, den zeige ich dir hier, in diesem Büchlein.

Die Anleitung funktioniert garantiert,

... wenn du dich daran hältst!

Ich kann dir keine Erleuchtung garantieren. Klar, könnte so etwas auch passieren, warum nicht, irgendwann wird das bei jedem von uns soweit sein.

Aber bis dahin, ist es möglich zumindest den größten Anteil der Lebenszeit, in einem liebevollen, gechillten Zustand durch das Leben zu wandeln.

Glaub mir es macht auf dieser entspannten Ebene viel mehr Spaß zu leben, als sich von einem Ärgernis ins nächste zu stürzen.

Wie immer bei meinen Büchern vorab ein gut gemeinter Ratschlag:

Lies dieses Büchlein mit deinem Herzen,

dann wirst du die Wahrheit erkennen.

So, jetzt zeige ich dir, wie du mit deinem Ego umgehen solltest, um endlich Ruhe zu bekommen.

Leichter passt ein Kamel durch ein Nadelöhr...

...als dass ein Reicher in den Himmel kommt.

Möglicherweise hast du es ein bisschen mit der Angst zu tun bekommen, nämlich dann wenn dein Bankkonto ein wenig über dem Durchschnitt liegt und du dich selbst als wohlhabend bezeichnest. Uiii, die Paula sagt, dass keine Reichen in den Himmel kommen. (Oder hat das vielleicht schon jemand vor rund 2000 Jahren gesagt?)

Bei diesem Ausspruch geht es nicht um Menschen, die als reich gelten im Sinne von vielen Besitztümern oder einem dicken Bankkonto, nein hier geht es darum, dass jemand mit einem großen Ego niemals in höhere Bewusstseinsebenen wechseln kann.

Diese Art Besitz kann natürlich auch materieller Besitz sein. Es gibt zwei verschiedene "Arten" von reichen Menschen. Die einen klammern an ihren Reichtümern, das sind dann auch diejenigen die Probleme haben mit dem Dimension-wechsel. Dagegen die anderen wohlhabenden Zeitgenossen teilen gerne ihren Wohlstand. Das sind Menschen die erkannt haben, dass wir alle miteinander verbunden sind. Wenn sie jemanden etwas Gutes tun, kommt es natürlich wieder zurück. Diese Menschen haben kein Mangeldenken und geben aus freiem Herzen heraus. Sie erhalten so viel zurück, das sich nicht beziffern lässt. Das sind die wahren **reichen** Menschen. Die wissen:

Geben ist seliger denn nehmen!

Die neue Erde wartet schon auf dich

Hast du schon einmal etwas von der "neuen Erde" gehört? Ich erzähle dir davon ein bisschen:

Die Menschheit und die anderen Bewohner der Erde, sowie der Planet Erde steigen auf in eine höhere Dimension. Das war jetzt nicht ganz korrekt: Die Erde ist schon aufgestiegen- sie ist schon da, und mit ihr viele andere Planeten.

Momentan haben wir die Möglichkeit zwischen den Welten zu wandeln. Je nach Bewusstseinsstand befinden wir uns auf der alten Erde und dann wieder auf der neuen Erde.

Es wird ein Ereignis erwartet, es ist eigentlich schon längst überfällig, an dem es nochmal so richtig zur Sache gehen wird. Da rumpelt es heftig im Gebälk. Anschließend sind ein Teil der Menschheit auf der neuen Erde gelandet und der Rest wird je nach Bewusstseinszustand und Seelenplan entweder weiter seine Zeit auf der niedrigeren Ebene verbringen oder ohne Umwege ein bisschen Pause im Himmelreich einlegen.

Damit du das mit dem Ego richtig verstehen kannst, möchte ich dir noch ein bisschen etwas über das künftige Leben auf der neuen Erde erzählen.

Auf der neuen Erde gibt es kein Ego mehr

In der neuen Welt herrschen nur Frieden und reine, bedingungslose Liebe. Da gibt es keinen Neid oder Missgunst. Es gibt keine Schönheitsideale mehr, keine Machtstrukturen und natürlich keine Gesetze und Regeln mehr. Dort leben nur bewusste Menschen. Ein bewusster Mensch braucht niemanden der ihm sagt was er zu tun oder zu lassen hat. Noch weniger braucht er jemanden, der ihn bestraft für sein "regelwidriges" Verhalten.

Die Bewohner der neuen Welt sind liebenswürdig und sind sehr achtsam. Das sind sie mit sich selbst und auch mit den anderen Geschöpfen. Sie schaden bewusst niemals einen Mitbürger oder einem anderen Lebewesen.

Alle sind gleich. Sie wissen auch, dass alles mit allem verbunden ist. Nichts ist voneinander getrennt. Alles hat eine Auswirkung auch auf die anderen.

Weißt du hier gibt es auch keine Umweltverschmutzung. Klar jemand, der bewusst ist, wird niemals auf die blödsinnige Idee kommen und seine eigene Lebensgrundlage zu zerstören. Du kennst ja den sprichwörtlichen Ast, auf dem man sitzt, dass man den besser nicht absägen sollte...

Keiner ist mehr "übergeordnet" oder wird als "höher" gestellt oder "bewundernswert" angesehen. Hier sind alle völlig gleich.

So soll es sein. Mensch ist Mensch egal welchen Titel er trägt. (Titel gibt es natürlich auch nicht mehr)

Jetzt kommen wir schon dem Thema mit dem Ego ein klein wenig näher. Aber dazu später mehr.

Woher kommt sie denn eigentlich, die Stimme in deinem Kopf?

Kennst du auch das Geplapper in deinem Kopf? Ich sage bewusst Geplapper, da gibt es einen deutlichen Unterschied zwischen Gedanken die wirklich Sinn machen und welchen die unsinnig und vor allen Dingen meist sogar böswillig sind.

Nehmen wir einmal an, du planst einen Urlaub. Du setzt dich hin, wälzt Prospekte, liest im Internet über das gewünschte Urlaubsziel nach und setzt dich vielleicht mit Freunden zusammen, um dich über ferne Länder auszutauschen. Da gibt es einiges zu tun und zu planen. Während der Zeit bevor du dich für einen Zielort entscheidest, werden dir immer wieder Gedanken durch den Kopf gehen- du überlegst, ob du lieber einen Abenteuerurlaub in der Serengeti oder vielleicht doch lieber einen Faulenzer Urlaub in der Karibik buchen solltest. Diese Art der Gedanken meinte ich nicht. Dafür ist der Verstand ja da. Zum Denken!

So, wenn unser Gehirn immer nur anspringen würde zum bewussten denken- genau da wo es Sinn macht, wäre alles in bester Ordnung. Dann könntest du jetzt auch aufhören zu lesen. Ich würde sagen, dann hast du alles richtig gemacht.

Solltest du dagegen auch zu jenen Menschen gehören, bei denen es meistens im Kopf nur so rattert, dann lies weiter, vielleicht kann dir ja mein Lösungsvorschlag ein klein wenig behilflich sein. Anschließend kannst du dein Ego dahin verfrachten, wo es einfach nicht mehr nervt. (Um das Kind einfach mal beim Namen zu nennen.)

Natürlich nervt es, wenn die Stimme einem ständig einreden möchte, dass die Menschen oder die Welt nicht in Ordnung sei. Glaubt man seinem Ego, ist der Ärger vorprogrammiert-Wut, Entrüstung und Traurigkeit sind die Folge dieser Fehlinterpretationen.

Aber zurück zum Absatz: Woher kommt denn nun die Stimme in unseren Köpfen?

Da müssen wir einmal zurück reisen bis zum Kleinkinderalter, denn da fängt das Dilemma an:

Die Konditionierungen!

Konditionierung beginnt im Kleinkinderalter

Ich möchte vor meinen Ausführungen noch etwas erläutern: Ich bitte um Nachsehen, wenn ich nicht, wie heute üblich, permanent sämtliche Geschlechtsangaben nenne. Für mich sind alle Menschen gleich, ob klein oder groß, dick oder dünn, alt oder jung... Aussehen, Nationalität oder sonstige typischen Eingruppierungen sind mir natürlich auch völlig egal. Auch spezielle Rollenverteilungen zwischen den Partnern sind mir völlig schnuppe. Ich bin weder emanzipiert noch *nicht* emanzipiert, auch diese Einordnung ist für mich kein Thema. Ich bin nur ein Mensch, ohne irgendeine Bezeichnung. Alle diese neuen Namensgebungen sind Ego-Strukturen. Hier sieht man, wie sich das Ego noch einmal heftig aufbäumt. Unsere möchte-gern Regierungen erfinden ständig neue Bezeichnungen für den Menschen und trichtern diese schon den Kleinsten im Kindergarten ein, anstatt sich darum zu kümmern, dass alle Menschen ein menschenwürdiges Dasein haben.

Lass dir nicht noch mehr Konditionierungen einreden, als du eh schon mit dir herumträgst, im Gegenteil vergiss das alles ganz schnell wieder.

Aber beginnen wir von vorne. Kleine Kinder werden geprägt von den Eltern, Kindergartenbetreuern und der ganzen Verwandtschaft. Später übernehmen einen großen Teil der Gehirnwäsche die Bildungseinrichtungen. Bevor du jetzt entsetzt bei dem Wort Gehirnwäsche aufschreist, solltest du dich einmal mit unserem Bildungssystem näher beschäftigen, spätestens dann wirst du mir Recht geben.

Heute fängt es schon im Kindergarten an. Die Zöglinge werden auf Erfolg getrimmt. Damit aber nicht genug. Zuhause geben die Eltern zusätzlich mächtig Gas, indem sie das Schreiben, Rechnen und Lesen lehren, um schon **vor** Schulbeginn einen kleinen Einstein heranzuziehen. Die Kleinen sollen einen Vorsprung gegenüber den Altersgenossen haben, damit sie später nicht zu den Verlierern gehören.

Später, in der Schulzeit, geben dann Vaddi und Muddi meist alles. Nichts wird ausgelassen, um den Nachwuchs zu fördern. Da sitzen die Alten jeden Nachmittag stundenlang neben den Schülern und machen mit ihnen Hausaufgaben. Sie lernen und fragen ab was das Zeug hält nur aus einem einzigen Grund: Die Kinder **müssen** unbedingt auf eine höhere Schule gehen, sonst ist ihr Leben quasi verloren. Als Haupt- oder Realschüler ist man in unserer Gesellschaft quasi der Loser der Nation und somit gar nicht überlebensfähig. Wenn das Kind dagegen nicht so mitspielen will wie es sich die Eltern wünschen und eher zu denjenigen Menschen zählt, die es ruhiger angehen lassen, dann herrscht großes Wehklagen!

So, genau da ist schon der Grundstein für ein mächtiges Ego angelegt.

Die Heranwachsenden lernen **nicht** bewusst zu leben und Sie lernen schon gar nicht im gegenwärtigen Moment zu sein. Auch wird ihnen nicht beigebracht, dass alle Menschen gleich sind, egal ob und welchen Beruf sie ausüben. Keiner sagt ihnen, dass die Liebe das Allerwichtigste im Leben ist...

Nein! Sie lernen, dass ein Mensch nur beachtenswert ist, wenn er erfolgreich im Beruf ist und viele materielle Spielsachen anhäuft.

Die Identifikation mit dem Beruf

In unseren sogenannten zivilisierten Ländern identifizieren sich die Menschen sehr stark mit ihrem Beruf. Arbeitslose Menschen fühlen sich nicht selten wertlos. Das kann zu einem großen Problem für die Betroffenen werden, wenn sie nicht erkennen, dass sich lediglich das Ego *überflüssig* fühlt.

Es gibt in unserem System Institutionen, denen sehr daran gelegen ist, dass du *erfolgreich* bist, oder zumindest lebenslang im Hamsterrad läufst. Nur so können sie dir dein wohlverdientes Einkommen wieder abknöpfen.

Wer oder was diese "Institutionen" sind, und warum sie dies tun, das ist eine andere Geschichte.

Gut, Fakt ist, dass dir von Klein auf eingeredet wird, dass du erfolgreich sein sollst. Nur so bist du in der Lage dir die schönen *Spielsachen* alle leisten zu können. Du sollst ja nicht als *halber* Mensch durchs Leben laufen. Ohne Smartphone, coolen Klamotten, schicken Mittelklassewagen oder teuren Hobbys bist du ja nicht gesellschaftsfähig und gehörst nicht dazu! Also wirst du von allen Seiten gedrängt dich anzustrengen um mithalten zu können.

Somit wird dein Ego aufgeblasen. Ja du hast richtig gelesen: Aufgeblasen! Es ist nur Luft, sonst nichts.

Die Identifikation mit der Partnerschaft

Auch dies ist ein Phänomen unserer Zeit: Es ist gesellschaftsfähig einen Mann oder eine Frau zu haben. Noch nie zuvor gab es so viele Partnervermittlungsstellen wie heute. Händeringend werden Ehepartner gesucht. Nicht selten wird für diese Dienstleistung viel Geld hingeblättert.

Klar, früher war es natürlich noch viel wichtiger einen Ehemann/Ehefrau zu haben. Obwohl unsere Gesellschaft immer offener wird, ist dennoch das Bedürfnis nach Zweisamkeit da. Klar, das ist ja auch menschlich.

Ich habe festgestellt, dass sich Single oftmals nicht richtig *vollkommen* fühlen. Sie denken es fehle etwas zum Glück. Interessant ist dagegen die Tatsache, dass Menschen die sich glücklich schätzen dürften weil sie eine bessere Hälfte gefunden haben, oftmals nach ein paar Jahren schreiend davonlaufen!!! (grins)

Ja so ist das mit uns Menschen: Immer **das** was wir haben schätzen wir nicht-immer wollen wir etwas **anderes** als wir haben. Sind unsere Wünsche endlich erfüllt, erkennen wir meist nach kurzer Zeit, dass das doch nicht so ganz toll war mit der Wunscherfüllung...

Resümee: Die eigene **Erfüllung** in einer Partnerschaft finden zu wollen, entpuppt sich meist als Ego-Falle.

Die Identifikation mit dem Aussehen, kann schnell zur Ego-Falle werden

Ich denke dieses Kapitel betrifft einen großen Teil der Menschen. Es gibt sehr Wenige, denen ihr Aussehen völlig egal ist. Meist sind es sehr bewusste Menschen, vor allen Dingen jene, die ihr Ego schon in die Wüste geschickt haben...

Klar das ist **die** Identifikation unseres Egos schlechthin: Unsere äußere Hülle, das Seelengefährt!

Interessant ist, dass wir uns selbst die allerwenigste Zeit selbst sehen. Außer du bist jemand, der alle 5 Minuten in den Spiegel schaut. Ansonsten siehst du dich ja nur die kurze Zeit im Bad. Den ganzen lieben langen Tag sehen dich deine Kollegen, deine Kinder, dein Mann oder Frau oder irgendwelche fremde Menschen, denen du begegnest.

Alleine mit der Schönheit der Menschen werden gigantische Summen oder sollte ich sagen Unsummen, umgesetzt.

Schau doch einmal wie viele Branchen etwas vom großen Ego-Kuchen abhaben wollen:

Bekleidungsindustrie

Kosmetikindustrie

Optiker

Schmuckindustrie

Frisöre

Nagelstudios

Fitnessindustrie

der gesamte Wellnessbereich samt den dazugehörigen Dienstleistungsunternehmen

Tattoo- und Piercingstudios

Nahrungsergänzungsmittelverkauf

usw. (um nur einige wenige zu nennen)

Alle diese Branchen arbeiten mit vielen Tricks, um dich zu überzeugen dies oder jenes wäre enorm wichtig, nur um gut auszusehen. Klar, ob aus dem Fernsehen, Internet oder in den Printmedien, strahlen uns die *perfekten* Menschen entgegen. Kein Gramm Fett, faltenfreies braungebranntes Gesicht- alles perfekt. Dazu noch die super modernsten Klamotten und schon gehört man dazu.

Das Ego ist zufrieden. Alles ist super.

Genauso lange bis...

Ja bis dann trotz stundenlanger Workouts die Cellulite anfängt Dellen zu schlagen und die Faltenbildung trotz teurer Anti-Aging Creme nicht mehr aufzuhalten ist.

Viele fallen dann in eine Art Depression, weil sie es verpasst haben rechtzeitig ihren wahren Schatz zu finden.

Ich zeige dir, wie du dieses Schreckensszenario umgehen kannst.

Das Ego-Säckchen auf deinem Rücken

Jetzt kommt etwas, das sehr vielen Menschen arg zu schaffen macht:

Das Säckchen auf ihrem Rücken- randvoll gefüllt mit ihren Geschichten. Die Allermeisten geben ihre Leidensgeschichten nicht gerne her. Dieses Säckchen wird gehütet wie ein wertvoller Schatz und festgehalten bis zum letzten Tag.

Ich sage dir etwas: "Lass es einfach los, du brauchst es nicht!"

"Schmeiß es einfach weg, dann hast du ein viel schöneres Leben!"

Komm wir schauen uns einmal an was die meisten Menschen so alles in ihrem Säckchen herumschleppen:

Es sind Geschichten aus der Vergangenheit. Leidvolle Erlebnisse aus der Kindheit und aus ihrem Leben in der Jugend und dem Erwachsenenalter.

Natürlich kommen auch *Leiden* aus der Gegenwart hinzu: Krankheiten, Beziehungsgeschichten, Probleme im Job oder mit den Kindern usw.

Du kennst so eine, oder eine ähnliche Situation doch sicherlich:

Beim Einkaufen triffst du eine alte Bekannte und ihr unterhaltet euch ein wenig: "Hallo, lange nicht gesehen, wie geht es dir denn?"

"Ach hör bloß auf, mein Ischias nervt voll, die Kleine hat die Aufnahmeprüfung für die Realschule nicht geschafft und mein Mann ist seit September arbeitslos...."

Deine Antwort könnte so ähnlich lauten:"Oh je, du Arme. Aber denk dir nichts, meine Lebensmittelallergie plagt mich sehr und stell dir vor unsere Wohnung wurde vor 3 Monaten gekündigt."

Wer hat hier wohl geantwortet? War es der Mensch oder sein Ego?

Wie geht es eigentlich dem Menschen, ohne seine Geschichte? Das wäre doch interessant. Ohne seine Identifikation...

Ich zeige dir, dass es sich viel leichter ohne den schweren Rucksack leben lässt.

Wirf dein Säckchen weg, du brauchst es nicht

Dein wahres Selbst braucht keine Identifikation. Es muss sich nicht vergleichen oder messen, es **ist** einfach.

DU selbst bist nicht dein Ego. Das ist eine Lüge.

Vielleicht ist diese Lüge schon viele viele tausend Jahre alt. Sie haben uns manipuliert und angelogen, mit dem Ziel uns auszubeuten.

Wir **sind** einfach. Sonst nichts.

Wir sind nicht: Arbeitnehmer, Mieter, Karrierefrauen, Businessmanager, Vereinsmitglieder oder Kinder.

Nein, wir sind einfach nur Seelen die in einem menschlichen Körper ihre Erfahrungen machen. Sonst nichts.

Klar dieses Ego-Spiel hat sich einmal einer ausgedacht, damit es mehr Spaß macht. Natürlich muss es verschiedene Rollen geben, sonst kann man ja nicht spielen.

Es wird Zeit, dass du verstehst: Alles ist nur ein Spiel. Hänge dich nicht so verbissen an deine Rolle, als ob alles *echt* wäre. Das ist es nicht.

Du kannst jetzt die Rolle als *Mutter, Vorstand im Schützenverein* oder *eifersüchtiger Ehemann,* oder was immer für Rollen du spielst, loslassen und beginnen das Leben zu genießen.

Wenn du oft Geschichten aus deinem Säckchen erzählst, zeigt es, dass du sehr stark mit deinem Ego verhaftet bist. Du hängst an deiner Lebensgeschichte und der Identifikation und möchtest womöglich damit Mitleid erregen.

Ich habe manchmal den Eindruck, den Menschen fällt es richtig schwer auf die Frage, wie es ihnen denn ginge zu antworten:

"Vielen Dank der Nachfrage, mir geht es sehr gut!"

Viel lieber wird munter drauflos gejammert um dann ein: "Oh je du armer, das ist ja schrecklich!" zu ergattern.

Mit der Antwort: "Wenn es mir noch besser ginge, wäre es gar nicht mehr auszuhalten", würden den meisten Gesprächspartner der Mund vor Staunen offen stehen bleiben.

Versuche es doch einmal beim nächsten Treffen mit einem Bekannten und beobachte, mit einem kleinen Grinsen im Gesicht, die Reaktion. Es wird dir auf alle Fälle Spaß machen.

Im Jetzt hat es dein Ego sehr schwer

Das Ego nährt sich hauptsächlich von Geschichten aus der Vergangenheit oder Spekulationen der Zukunft betreffend.

Wenn du ganz im Hier und Jetzt bist, und gefragt wirst wie es dir geht, dann spüre einmal in dich hinein:

Wie fühlst du dich wirklich in diesem Moment? Fehlt etwas? Bist du hungrig, durstig oder schmerzt etwas? Falls nicht, dann freue dich und antworte ehrlich mit: "Mir geht es super gut, ich fühle mich großartig!"

Super, eine schöne Antwort.

Jegliche andere Antwort, wäre nicht **deine** Antwort, sondern die deines Egos, das sich wieder einmal in den Vordergrund drücken will. Es möchte Mitleid erregen oder einfach nur Aufmerksamkeit bekommen.

Mal ganz ehrlich, sind wir schon so sehr an das "uns gegenseitig anjammern" gewöhnt, dass es uns schwer fällt ein Gesprächsthema, ohne Wehklagen zu finden?

Achtung so trickst dich das Ego aus!

Dein Ego kann nur überleben, wenn es beachtet wird und wir ihm glauben schenken. Ignorieren mag es gar nicht.

Vor allen Dingen will es immer Recht haben, somit setzt es gerne andere Menschen ins Unrecht.

Diese kleine Nervensäge, die dir permanent Blödsinn einredet, mag es gar nicht, wenn man sie nicht beachtet. Permanent will sie Aufmerksamkeit, ähnlich einem ungezogenen Kind.

Nehmen wir ein Beispiel:

Du triffst einen Nachbarn und der erzählt dir gleich munter den neuesten Klatsch und Tratsch aus der Nachbarschaft. Vor kurzem sind eine junge Familie, ein Haus weiter, eingezogen. Da gibt es einiges zu klatschen: Die Kinder sind ungezogen, der Rasen verwildert und wenn der Mann in der Arbeit ist, gehen ungewöhnlich viele Männer bei der neuen Nachbarin ein und aus...

Tja, jetzt kommt es darauf an, wie du konditioniert und vor allen Dingen *bewusst,* bist. Da könnten die Antworten lauten:

"Oh je, das ist ja furchtbar! Der Garten sieht ja aus wie bei Hempels, die Unkrautsamen wehen bis zu mir herüber, und das Kindergeschrei ist ja nicht auszuhalten! Ja und der arme Mann, dem werden aber ordentlich die Hörner aufgesetzt!"

An diesem Beispiel kannst du sehr gut erkennen, wie sich eine scheinbar harmlose Ego-Falle aufgetan hat. Wenn sich zwei Menschen über einen Dritten unterhalten, ist meistens das Ego im Spiel. Das ist eindeutig. Das Ego liebt Tratsch! Das sich "über" einen anderen Menschen stellen und das "sich besser" darstellen, sind typische Ego Spielchen. Das tust du nämlich immer dann, wenn du über einen anderen Menschen schlecht redest.

Das hat sich bei uns als völlig normal eingebürgert- dem entzieht sich kaum jemand. Gut erkennbar ist das auch, wenn man in den sogenannten Klatsch-Zeitungen liest. Diese Schmierblätter bestehen ausschließlich aus den Geschichten über andere Menschen, die eher selten wahr sind. Pervers daran ist, dass die Menschen sogar noch Geld dafür ausgeben um sich am Leid anderer zu ergötzen. Na klar, da stecken einige niedrige Beweggründe dahinter:

"Wenn schon die oder der Hollywoodpromi so unverschämt viel Geld verdient und aussieht wie aus dem Bilderbuch, dann sollte sie oder er doch auch einmal Pech in der Liebe haben. Die können für Geld auch nicht alles kaufen..."

Ja so schlecht ist der Mensch. Im Fernsehen ist es genau das Gleiche. Wenn du immer noch diese Art Sendungen ansiehst, in denen Menschen ins schlechte Licht gerückt werden, solltest du einmal gründlich über deinen Bewusstseinszustand nachdenken.

Was ist es denn, das uns immer und immer wieder an dem Leid anderer ergötzen lässt?

Ja, du wirst es schon ahnen: Das ist das Ego. Es freut und nährt sich von genau diesen Geschichten...

...Geschichten die andere Menschen als schlecht darstellen oder aber auch die unter dem Deckmantel eines falschen Mitleides verbreitet werden. Dazu gehören zum Beispiel Krankheiten. Da wird gerne über den "ach so armen Menschen" dem es nicht so gut geht, geplaudert. Vielleicht gerne mit einem gewissen "besser wissen" Unterton. Das könnte sein:

"Na ja, wenn der Herr Meier nicht soooo viel geraucht und getrunken hätte...

- bei dem Lebenswandel...

- da haben wohl die vielen Vitamintabletten doch nicht so gut geholfen...

- tja, da muss man halt früher zum Arzt gehen...

- also als ich Arthrose hatte, da habe ich immer.... und das hat mir soooo geholfen...

Diese oder ähnliche Gespräche führst nicht **du** selbst nein, das ist dein Ego. Das sich gerne wichtig nimmt und noch viel lieber "sehr gescheit daherredet!"

Da fällt mir eine tolle Anekdote ein, die sehr lehrreich ist:

Ein Mann rannte auf Sokrates zu.

„Sokrates, Sokrates! Weißt du, was ich gerade über einen deiner Schüler gehört habe?“

„Warte einen Moment“, sagte der Philosoph. „Bevor du mir davon erzählst, möchte ich, dass du einen kleinen Test machst, den ich ‚die drei Siebe' nenne.“

„Die drei Siebe?“

„Ja. Bevor Du aussprichst, was du sagen willst, prüfe es. Das erste Sieb ist die Wahrheit. Hast du sichergestellt, dass es wahr ist, was du mir erzählen willst?“

„Äh, nein … ich hab eigentlich nur davon gehört.“

„Gut. Du weißt also nicht, ob es wahr ist oder nicht. Lass uns zum zweiten Test kommen. Das Sieb der Güte. Ist, was du mir über meinen Schüler erzählen willst, etwas Gutes?“

„Nein, im Gegenteil.“

„Aha, du willst mir also etwas Schlechtes über meinen Schüler erzählen, obwohl du nicht weißt, ob es wahr ist.“

Der Mann zuckte die Schultern. Er wirkte inzwischen etwas betreten.

Sokrates fuhr fort: „Vielleicht besteht das, was du mir sagen willst, ja den dritten Test. Das Sieb der Nützlichkeit. Ist, was du mir mitteilen möchtest, hilfreich für mich?“

„Also … nein, nicht wirklich.“

„Wenn es weder wahr ist, noch gut oder zumindest nützlich, warum solltest du es mir dann überhaupt erzählen?“

Der Mann verstummte, er schämte sich und ging fort. Er hatte verstanden.

Ich behaupte, wenn sich jeder Mensch konsequent an die Regel mit den drei Sieben halten würde, wäre unsere Welt ein großes Stück friedlicher. Güte würde einziehen- die Gespräche liebevoll und mitfühlend.

Überlege einmal: Macht es nicht viel mehr Spaß sich über Schöne oder lustige Dinge auszutauschen? Jeder Mensch hat doch irgendwelche Vorlieben oder Hobbys für die er "brennt".

Wenn mir zum Beispiel jemand etwas über seinen Garten erzählt, springe ich gleich darauf an und bin voll mit dabei.

Klar das Ego will auch leben und sucht sich immer wieder neue Geschichten, die es am Leben erhält.

Stellt dir einmal vor, zu obigen Gespräch mit dem imaginären Nachbarn, hättest du folgendes geantwortet: (Du erinnerst dich noch? Die Storys von den unmöglichen Kindern, Wildnis im Garten und der "untreuen" Ehefrau.

"Ah ja?" Mhm. ah, ja?, mhm..." Oh, hab ich gar nicht bemerkt, dass die Kinder laut sind. Von mir aus kann das Gras bei denen ins Fenster rein wachsen, das ist mir egal. Die Männer? Welche Männer?"

So oder so ähnlich, du weißt auf was ich hinaus will.

Jetzt möchte ich in diesem Zuge auch noch einen Aspekt ansprechen, um die Wichtigkeit deiner Gedanken und Worte hervorzuheben:

Immer, wenn du über jemanden schlecht sprichst begibst du dich in eine entsprechende Energie, eine niedrige Energie. Da musst du anschließend erst wieder mühevoll herausklettern.

Noch etwas ganz wichtiges ist:

Alles, was du aussendest kommt zu dir zurück!

Sei dir dessen immer bewusst! Du schießt ein Eigentor nach dem anderen, wenn du schlechte Gedanken, Worte oder

Gefühle hinausschickst. Dazu musst du nicht einmal mit jemandem sprechen, nein, es reicht völlig aus schlecht über eine andere Person zu denken.

Sei dir wirklich **immer** bewusst, dass du **alles** wieder zurückbekommst. Das Leben ist nicht ungerecht, es ist sogar sehr gerecht: Es liefert nur die ausgesendete Energie an den Absender zurück.

Das Problem ist nur, dass die meisten Menschen diese universellen Gesetze nicht verstehen. Sie wehklagen, wenn ihnen etwas passiert: Vielleicht ein Unfall oder eine Krankheit. Sie klagen, warum sie dieses oder jenes Schicksal so hart trifft.

Wenn du wirklich ein höheres Bewusstsein erlangen möchtest, rate ich dir dringend selbstkritisch zu sein. Beobachte dich genau und beobachte, welche Qualität deine Energie hat die du hinausschickst.

Im Titel habe ich geschrieben, du sollst das Teufelchen von deiner Schulter schubsen..

Jetzt zeige ich dir, wie du das machen kannst und vor allen Dingen **warum** das so wichtig für dein schönes Leben ist.

So schickst du das Teufelchen in die Wüste

Wir Menschen haben zwei Seiten: Eine lichtvolle und eine dunkle. Auch haben wir Bewusstsein und unser Ego.

Das Ego ist der Saboteur des Bewusstseins. Es versucht durch seine Tricks das Bewusstsein immer wieder zu attackieren. Dann wird schnell mal aus einem Bewusstsein ein Unbewusstsein.

Was ist denn das Bewusstsein? Das Wort sagt es schon aus:

Bewusst Sein. Man ist sich seiner selbst bewusst.

Das hat auch etwas mit Wissen zu tun. Bewusste Menschen wissen einfach... Sie lassen sich nicht von ihrem Ego drein reden. Sie lassen diese Stimme im Kopf einfach reden, ohne ihr Beachtung zu schenken. Es geht förmlich durch sie hindurch. Sie haben keine Anhaftung mehr. Ein schöner Zustand.

Wenn man dem Bewusstsein als den Engel in uns bezeichnen möchte, würde man das Ego auch Teufelchen nennen.

Diese These gefällt mir sehr gut und ist auch meine Weltanschauung geworden, nachdem ich mich viele Jahre mit dem menschlichen Bewusstsein beschäftigt habe.

Ich sehe das so: Die kleine dunkle Nervensäge auf unserer Schulter flüstert uns immer böse Dinge ein. o.k. ist ja erstmal kein Problem.

Ein Problem wird erst daraus, wenn wir dieser Stimme Folge leisten.

Das heißt zum Beispiel,

- dass du beim nächsten Klatsch am Telefon fleißig "mit lästerst".

- dass du das nächste Mal deinen Mann rund machst, weil er wieder mal nicht abgespült hat.

- dass du deinen Kollegen an maulst, weil er deinem Urlaubswunsch nicht entsprochen hat und seinen Termin durchgesetzt hat.

- du dich gekränkt fühlst, weil dich jemand als "zu dick" bezeichnet hat.

- du dich über die unfreundliche Kassiererin geärgert hast.

Diese Beispiele ließen sich unendlich fortführen. Ich denke du weißt in etwa was ich meine.

Wie würde ein bewusster Mensch auf obige Beispiele reagieren?

- Ein bewusster Mensch lästert nicht über andere Menschen. Er ist mitfühlend und aufmerksam und weiß, dass jeder Mitbewohner dieser Erde sein Päckchen zu tragen hat. Wer weiß schon was der andere schon alles durchgemacht hat?

- Eine bewusste Ehefrau, würde ihren Mann nicht schimpfen, noch über ihn schlecht denken. Sie würde wortlos das

Geschirr spülen, in dem Bewusstsein, dass alles seinen Grund hat. Nichts geschieht zufällig.

... Später am Abend erzählte dir dein Mann von der Kündigung seines Arbeitsplatzes..

- So, wie ist das mit dem "unfairen" Kollegen? Ein bewusster Mensch würde dies ohne zu fragen oder zu maulen einfach hinnehmen. Gut, dann wird der Urlaub ein wenig verschoben. Hinter die Kulissen geblickt, stellte sich heraus, dass der "unfaire" Kollege genau zu diesem besagten Termin seinen Urlaub dringend benötigt, weil sein Töchterlein eine schwere Herz-OP durchführen lassen muss...

- Wenn du gelernt hast nicht mehr auf dein Ego zu hören, dann geht es dir sprichwörtlich am Allerwertesten vorbei, wenn jemand über dich oder deine Figur lästert. Dann ist es dir völlig egal. Verletzt werden kann immer nur dein Ego, niemals dein Selbst. Wenn es dich also ärgert, dann hast du noch alte Konditionierungen oder ungelöste Verletzungen in dir- und genau die regen dich auf. Lerne solche alten Resonanzfelder zu lösen, dann hat dein Ego keine Chance mehr bei dir.

Resonanzfelder auflösen:

Resonanzfelder kann man durch bewusstes fühlen auflösen.

Spürst du ein Gefühl hochkommen, das dir unangenehm erscheint, dann gehe an einen ruhigen Ort und fühle ganz bewusst dieses Gefühl. Wende dich ihm liebevoll zu und sage ihm es dürfe so lange bleiben, bis es keine Lust mehr hätte. Wichtig ist noch: Die Geschichte, die der Auslöser für dieses unangenehme Gefühl ist, musst du loslassen. Du konzentrierst dich nur auf das Gefühl und denkst nicht mehr an das eben Geschehene. Ich stelle mir dieses Gefühl immer als Schaf vor. Ich kraule es und rede mit ihm. Ich sage ihm auch, es dürfe dann durch meine Aura gehen, wenn es nicht mehr da bleiben will. Nach kurzer Zeit geht das Schaf und mit ihm mein unangenehmes Gefühl. Egal ob es eine Wut, Ärger, Trauer oder eine Angst war, ich verfahre **immer** nach diesem Muster. Nur so kannst du Stück für Stück alte Dinge auflösen.

Unser Problem in unserer Gesellschaft ist- wir verdrängen lieber Gefühle als dass wir ihnen Raum geben hier zu sein. Mit der Bereitschaft alles fühlen zu wollen, können sich die alten Kamellen verabschieden. (Zu diesem wirklich wichtigen Thema werde ich das nächste Buch schreiben)

...weiter geht es mit dem Ego...

Ein schönes Gefühl, wenn einem alles egal ist was andere sagen!

- Jetzt das letzte Beispiel mit der Kassiererin die anscheinend einen schlechten Tag hatte. Dein Teufelchen hat dir in dein Ohr geflüstert:

"Also so was! Das geht ja gar nicht! Sie wird doch fürs Arbeit bezahlt! Erst trödelt sie ewig herum, dann vertippt sie sich und gibt am Ende auch noch 10,-- Euro zu wenig heraus! Und das mit einer furchtbaren Laune! Ein Gesicht hatte die auf, eine Frechheit so etwas! Das ist ja allerhand!"

Du hattest nichts Besseres zu tun, als deinem Ego zu glauben und diese unglaubliche Story prompt deiner Nachbarin zu erzählen. Die wusste dann ebenfalls noch ein paar Anekdoten über die besagte Dame.

Resümee:

Ihr beide habt viel schlechte Energie ins Leben geschickt, die euch garantiert wieder einmal zurückgeschickt wird. War es das tatsächlich wert? Eine viertel Stunde Lästerei und soviel Negativität in den Äther geblasen! Das sollte dir bewusst sein: Garantiert bekommst du dieselbe Qualität an Energie zurückgeliefert. Solltest du kein sonderliches Interesse an unschönen Lieferungen haben, dann sei in Zukunft achtsam, damit dir nur noch liebevolle Geschenke gebracht werden.

Entsprach diese Betrachtungsweise deines Egos der Wahrheit? Meist wirst du es nicht erfahren, was die Wahrheit ist. In diesem Fall bekam die Dame vor ein paar Wochen die Diagnose Darmkrebs. Sie ist alleinerziehend und hat ein kleines Mädchen zu versorgen. Da ist es menschlich zu verstehen, warum sich diese Frau momentan nicht so gut konzentrieren kann.

Frage an dich: Hättest du genauso über diese Frau gedacht, wenn du ihre Geschichte gekannt hättest, und was hättest du der Nachbarin erzählt?

Vielleicht hättest du tiefes Mitgefühl mit dieser Frau gehabt und zugleich eine große Dankbarkeit für deine eigene Gesundheit.

Die Wahrheit ist immer ganz einfach

ist etwas kompliziert, dann ist es nicht wahr.

(Paula Himmelreich)

Das ist mein Leitspruch, der auf alles zutrifft.

Jetzt sage ich dir, wie **einfach** das mit dem Teufelchen ist, der dich immer in Versuchung führt:

So schickst du ihn in die Wüste:

Schenke ihm einfach keinen Glauben.

Lass ihn einfach reden! So einfach ist das.

Wenn du **nicht** darauf reagierst, was soll dann sein?

Du hörst: "Mach dieses oder jenes oder sage demjenigen welches".

Du hörst das... und? Nichts und!

Du reagierst einfach nicht.

Du schreist niemanden an, du diskutierst nicht, du bist nicht beleidigt, du denkst über niemanden schlecht und du erzählst auch keine Unwahrheiten weiter.

Das Ego erzählt niemals die Wahrheit.

Warum?

Ganz einfach: Das Ego hat immer nur die Möglichkeit einer Momentaufnahme der Situation. Es sieht niemals das Ganze. Es **kann** gar nicht alle Aspekte erkennen, weil es an Raum und Zeit gebunden ist, und:

Das Ego ist das Teufelchen auf deiner Schulter, nicht vergessen!

Teufelchen sagen nicht die Wahrheit, sonst wären es ja keine Teufelchen!!!

Das Bewusstsein ist grenzen- und zeitlos und es schwingt in der Liebe. Es erfasst alles und wertet niemals. Das ist der Unterschied.

Solltest du ernsthaft Interesse haben ein bewusster Mensch zu werden, dann musst du zuallererst lernen achtsam zu sein.

Dein Ego wird chancenlos wenn du achtsam bist

Das Ego liebt es, wenn du nicht achtsam, also unbewusst bist. Dann sitzt du schon in der Falle.

Auch das wirst du sicherlich zur Genüge kennen:

Es gibt so Tage im Leben, da gibst du Vollgas. Von einem Termin zum nächsten hetzt du dich ab. Mindestens zwei, oftmals sogar drei Dinge müssen auf einmal erledigt werden, sonst schaffst du dein Tagespensum nicht. Deine Gedanken sind schon beim nächsten und übernächsten Termin.

Vielleicht gehörst du ja zu denjenigen Menschen, deren Tage immer so aussehen. Dann wird es sehr schwer für dich Achtsamkeit zu trainieren.

Je mehr unsere Gedanken vorauseilen, desto unachtsamer und unbewusster sind unsere Handlungen.

Achtsamkeit ist untrennbar mit dem Leben im jetzt verbunden. Du kannst immer nur **jetzt** achtsam sein. Das musst du richtig trainieren. Dazu musst du bereit sein, wenn du dein Leben in Zukunft auf der Sonnenseite verbringen und auch als bewusster Mensch auf der neuen Erde wohnen möchtest.

Das ist so ähnlich wie bei einem Muskelaufbautraining. Sagen wir einmal du möchtest jetzt auf deine alten Tage zu den sportlichen, durchtrainierten und gutaussehenden Menschen gehören. Das wirst du nicht innerhalb einer Woche Training erreichen, auch nicht in zwei oder drei Wochen. Da musst du schon diszipliniert sein und regelmäßig dran bleiben. Da nützt es auch nichts, wenn du die eine Woche täglich fleißig trainierst und dann wieder 3 Wochen Pause einlegst. Deine Erfolge werden größer sein, wenn du konsequent und regelmäßig dran bleibst.

Dasselbe gilt für einen Bewusstseinswandel.

Du hast dich entschieden künftig nicht mehr zu leiden!!!

Genauso wie bei einem körperlichen Training musst du dein Bewusstsein jetzt regelmäßig trainieren. Wenn du nicht gerade eine Klosterschwester oder ein Mönch bist, hast du viele Möglichkeiten die dir der Alltag bietet, um vorwärtszukommen. Dein Ego wird in einem "normalen" Leben permanent herausgefordert und du kannst fast den ganzen Tag lang "trainieren". Das ist wirklich toll. Angehörige eines Ordens haben nicht so einen hektischen Alltag und somit auch nicht so viele Möglichkeiten zum Üben.

Glaub mir, das weiß ich aus eigener Erfahrung, wenn du anfängst achtsam zu sein, wirst du schnell feststellen, dass es dir anfangs so gut wie gar nicht gelingt, dein Ego-Geplapper zu ignorieren.

Jetzt sage ich dir gleich einmal, was du **nicht** tun sollst:

Dich ärgern!

Genau damit nährst du schon wieder dein Ego.

Anfangs merkst du es fast immer erst **hinterher**, dass du wieder mal **nicht** achtsam warst. Aber das macht gar nichts! Überhaupt nicht! Kehre wieder ganz sanft zu deinem Alltag zurück. Gedanken über Vergangenes bringen nichts. Es gibt keine Vergangenheit, also denke nicht darüber nach, was du schon wieder falsch gemacht hast. Anfangs ist es schon ein Riesenschritt, wenn du erkennst, was schiefgelaufen ist. Das ist völlig normal und es geht jedem so!

Schau, wenn du mit Sport beginnst, kannst du auch froh sein, wenn du eine 1 kg Hantel stemmen kannst. Das wird dir nach ein paar Wochen lächerlich vorkommen. So ähnlich wird es dir bei deinem Bewusstseinstraining auch ergehen- im Nachhinein wirst du über dich lächeln, wie du anfangs immer wieder in die Ego-Falle getappt bist.

Weißt du was das Beste ist?

Wenn du es das erste Mal geschafft hast! Das Gefühl ist unbeschreiblich.

Ich kann mich noch sehr gut daran erinnern. Ich las damals Bücher, die mich aufweckten. Unter anderem von Eckhart

Tolle, Osho und Samarpan. (Viel mehr waren es nicht). Anschließend erkannte ich, dass ich so nicht mehr weiterleben wollte. **So**, hieß in meinem Fall, völlig unbewusst.

Ich war schon immer ein Gerechtigkeitsfanatiker und ging immer voll in den Kampf. Die Themen Umweltschutz und die manipulativen Mächte in unserem System, brachten mich schon in frühen Jahren auf die Palme. So diskutierte ich gnadenlos und wehe jemand war anderer Meinung oder hatte es einfach noch nicht gecheckt dass da Draußen einiges schiefläuft, der wurde gleich mal platt gemacht. Mein Ego lief regelmäßig zur Höchstform auf.

Klar, das Ego ist ja auch sehr schlau. Es kennt uns sehr gut. Es begleitet uns das ganze Leben lang, vielleicht sogar *viele* Leben lang...

Es weiß ganz genau wo es uns packen kann. Es kennt genau unsere Schwachstellen. Das ist auch noch wichtig: Nicht nur **schlechte** Dinge flüstert uns das Teufelchen zu, nein auch vermeintlich **Gutes**, nur um uns aus der Reserve zu locken und uns unbewusst reagieren zu lassen.

Jetzt bin ich abgeschweift.

Nachdem ich die Bücher gelesen hatte, war für mich klar: Jetzt habe ich den Schlüssel, jetzt weiß ich wie es geht. Endlich konnte ich glücklich sein. Endlich muss ich nicht mehr leiden!

Hochmotiviert ging ich in den Alltag und:

Natürlich gleich bei der ersten Kleinigkeit, reagierte ich, wie ich es immer tat. So ging es munter weiter. Bis ich es das erste mal geschafft hatte **nicht** zu reagieren, sondern einfach nur liebevoll zu sein, hat lange gedauert.

Ich wusste ja aus meinen Lehrbüchern, dass es nichts ausmachte und ich einfach immer und immer wieder üben sollte. Vor allen Dingen sollte ich mich nicht über mich selbst ärgern, das würde die schlechte Energie noch verstärken.

Gut so übte ich einfach weiter, bis es eines Tages klappte!

Ich weiß es noch wie heute: Eine Situation zum Haare raufen. Ich war wutentbrannt und wollte meinem Ärger Luft machen und die entsprechende Person richtig an maulen. Da dachte ich mir: Nein das machst du jetzt nicht und wenn es dich zerreißt.

Das habe ich dann zum ersten Mal durchgezogen. Ich setzte mich hin und wartete. Ich war bereit zu platzen. In mir brodelte es wie... ich kann es nicht beschreiben. Ja, wie kurz vor dem Platzen, ist die richtige Beschreibung. Ich wartete ab, dachte nicht mehr über das Ärgernis nach und wartete weiter. Ich wendete mich der Wut zu und fühlte sie.

Dann ging die Wut und was kam war viel viel schöner als alles was ich jemals vorher gefühlt hatte. Ein unsagbares schönes, warmes und liebevolles Gefühl.

Das war der Lohn dafür. Das Geschenk das wir immer und immer wieder erhalten, wenn wir dem Teufelchen nicht mehr glauben. Wenn es uns egal ist, was es uns ins Ohr flüstert.

Wenn wir bewusst und liebevoll sind, kommt dieses schöne Gefühl und nimmt den Platz ein, den vorher die Wut, der Ärger, der Neid, die Gehässigkeit oder ein anderes niederes Gefühl einnahm.

Versuche es einfach einmal, du hast nichts aber auch gar nichts zu verlieren.

Ganz im Gegenteil, du kannst nur gewinnen.

Noch ein Tipp:

Wenn die nervige Stimme wieder ertönt und dir etwas "blödes" einflüstern möchte, dann hör einfach nicht hin.

Wenn sie nicht aufhört und penetrant wird, dann lege dir einen Spruch zurecht.

Ich sage dann immer:

"Ich glaube dir kein Wort", oder "bla bla bla".

So lange bis es wieder ruhig wird.

Wenn du diese Vorgehensweise wirklich immer und immer wieder anwendest, wird dein Ego immer kleiner. Es verliert an Bedeutung. Es hat keine Kraft mehr.

Wenn du seinem Geplapper keinen Glauben schenkst, ist es völlig egal was es vom Stapel lässt, du bist wie ein Baum der tief verwurzelt ist und den nichts umwirft.

Lerne achtsam zu sein

Ein achtsamer Mensch ist meist auch ein bewusster Mensch. Beides ist untrennbar miteinander verbunden.

Wenn du achtsam bist, lebst du sehr bewusst im gegenwärtigen Moment.

Hier hat das Ego kaum eine Chance dich hinters Licht zu führen.

Du schneidest ganz bewusst Zwiebeln, hobelst Gurken und isst langsam und genussvoll dein Essen. Alles ist wie eine Zeremonie. In diesen Momenten kommt das Ego einfach nicht durch. Du tauchst völlig in den Moment ein, da ist kein Raum mehr für Geplapper.

Dagegen bist du in Eile, gestresst oder genervt, hast vielleicht viele Dinge gleichzeitig im Kopf...

Genau solche Situationen liebt dein Ego! Es wartet nur darauf, bis du wieder mal nicht weißt wo dir der Kopf steht. Das ist **die** Gelegenheit um deine Aufmerksamkeit zu bekommen.

Und schon wird dir wieder einmal eine Geschichte präsentiert, auf die du höchstwahrscheinlich reinfallen wirst:

Es eilt, und vor dir fährt der Autofahrer wie eine Schnecke, keine Chance zum Überholen...

... Und schon kommt die Geschichte: Armleuchter, Bremser, Volli... usw... kennst du das?

... Oder: Wieder Eile, Essen steht auf dem Herd, Kind verschüttet gerade sein Getränk auf den Teppich und dein Ehemann weiß nichts Besseres als dir Geschichten aus seiner Firma zu erzählen... dann klingelt noch das Telefon...

... und da sollte man ruhig bleiben und nicht seiner Stimme im Kopf Folge leisten und einfach mal in die Runde schreien?

Es gibt einen Trick solch verfahrenen Situationen zu entschärfen. Ich weiß wovon ich spreche. Viel zu lange bin ich im Dauerlauf durch das Leben gelaufen.

Auch an Tagen die vollgepackt sind, solltest du dir angewöhnen, dich nur auf die Gegenwart zu konzentrieren. Immer nur das, was du gerade tust, mit voller Hingabe zu erledigen. Das kannst du ganz einfach üben. Immer und immer wieder. Du wirst sehen, mit der Zeit wird es tatsächlich immer leichter. Ähnlich einem Sportler, der konsequent seine Muskeln aufbaut.

Weißt du irgendwann wird es ein Selbstläufer, dann kannst du gar nicht mehr anders als bewusst deinen Alltag zu leben. Selbst wenn dein Tag vollgepackt mit Terminen ist, du wirst ganz einfach Termin für Termin abarbeiten.

Am Ende des Tages wirst du dich freuen. Du hast trotz großer Geschäftigkeit sehr viel **gelebt**. Vielleicht hattest du auch Spaß, trotz der vielen Arbeiten. Das ist doch das wichtigste. Deswegen sind wir doch hier auf der Erde, oder? Wir wollen alle viel Spaß haben!

... und führe uns nicht in Versuchung...

Das hast du sicherlich schon einmal gehört. Solltest du noch in einer der großen Kirchen Mitglied sein kennst du diesen Teil eines Gebetes sicherlich. Das ist die Bitte uns vor dem Teufel zu schützen.

Was heißt das genau? Klar, wenn du schon mal ein Buch von mir gelesen hast, kennst du meine Einstellung gegenüber allen Sekten. Besser gesagt, ich habe dazu **keine** Einstellung, sie sind mir einfach egal. Ich brauche keine Mitgliedschaft und schon gar keine Zwangsabgabe die mittels einbehaltener Steuern direkt von meinem Gehalt eingezogen wird. Das ist ähnlich dem mittelalterlichen Ablasshandel als man glaubte sich den Eintritt ins Himmelreich erkaufen zu können. Die großen Kirchen haben seit ihrer Gründung sehr viel Leid über die Menschen gebracht. Durch gezielte Manipulation haben sie es immer schon geschafft die Gläubigen auszurauben.

Mit der Angst vor einem Gott der richtet, haben sie sehr viel Leid angerichtet, selbst heute noch funktioniert deren Geschäftsmodell par excellence!

Nein, vergiss diesen Blödsinn. Gott richtet nicht. Gott ist nicht das Ego, er ist genau das Gegenteil. Er ist gütig, liebend und nicht wertend. Es gibt auch ganz sicher kein Tribunal, das an der Himmelspforte sitzt und "Recht spricht". Das Himmelreich ist nicht über einen Gerichtssaal zu erreichen, das sind alles menschlichen Vorstellungen. Diese Bilder haben die Kirchenvertreter jahrhundertelang den Untertanen eingeimpft, so lange bis sie glaubten das sei die Wahrheit.Mit solchen Horrorszenarien haben die Kirchen seit jeher die Menschen in der Angst gehalten. In dieser niedrigen Schwingung ist es ein leichtes sie auszubeuten.

Du alleine hast dein Leben in der Hand. **Du** wirst dich eines Tages selbst richten. **Du** wirst eines Tages **dein** Leben nochmal anschauen und fühlen dürfen wie es für **dich** und die anderen war. Alle deine Gefühle wirst du in einer Art Zeitraffer nochmal fühlen dürfen. Das ist Bestrafung genug, wenn du erkennst, dass du zum Beispiel jemanden verletzt hast. So oder so ähnlich wird es sein.

Weißt du das Leben ist sehr gerecht. Es vergisst nichts. Alles, was du jemals in den Äther hinausgeschickt hast, kommt wieder zurück.

Alle liebevollen Gedanken und Gefühle werden im Himmel um verpackt und kommen in einer anderen Verpackung wieder zu dir zurück. Das ist wunderschön.

Schau mal, da macht es doch richtig Spaß gaaaaaaaaaaaaanz viele liebevolle Gedanken hinauszuschicken und dann gespannt abzuwarten, was denn wieder alles geliefert wird.

Das ist doch mega spannend und macht riesigen Spaß! Viele schöne Geschenke!

...eine Arbeit die Spaß macht, einen Partner mit dem man am liebsten Tag und Nacht zusammen verbringen würde, Kinder die Freude bereiten und einen schönen Wohnort mit netten Nachbarn. Vielleicht sogar viel Geld, damit du dir alles leisten kannst was dein Herz begehrt! Wie im Paradies!

Ja du hast richtig gelesen, im Paradies kann man hier auf Erden schon leben, aber auch in der Hölle.

Wer oder was bereitet uns die "Hölle auf Erden?"

- Sind es die bösen "möchte gern Machthaber" die uns ausbeuten und in einem Sklaventum halten?

- sind es die lauten Nachbarn die dir den Schlaf rauben?

- ist es vielleicht deine nervige Schwiegermutter, die jedes Wochenende anruft, um euch zum Kaffee einzuladen?

- oder ist es dein Arbeitsplatz, der Schuld daran ist, dass du jeden Tag mit Magenschmerzen aufstehst?

...oder ist alles ganz anders?

Weißt du das Hauptproblem sind unsere Gewohnheiten. Das Erlernte hat sich im Laufe der Zeit so dermaßen eingeprägt, dass es schwer ist diese Glaubenssätze wieder zu verlernen. Es wurde uns schließlich von klein an so gelernt, dass immer ein anderer Schuld ist, wenn es mal nicht so gut läuft. Selbst wenn wir krank sind, kommen nur wenige Menschen auf die Idee sie selbst könnten etwas falsch gemacht haben. Wenn dann kein Schuldiger zur Hand ist, dann kann man ja noch schnell das *Schicksal* aus der Schublade holen, das es nicht gut mit uns meint...

Ich weiß, jetzt kommen spirituelle Menschen und sagen: "So ein Blödsinn, wenn mein Seelenplan das alles vorsieht, habe ich keine Chance etwas zu verändern." Das ist auch nur die halbe Wahrheit. Natürlich sind die groben Parameter einmal von uns selbst festgelegt worden. Dennoch: Ich habe trotzdem tagein tagaus die Wahl. Nein noch genauer:

Ich habe **jeden Moment** die Wahl:

Zwischen gut oder böse.

Zwischen beurteilen, bewerten oder den anderen einfach **sein** zu lassen.

Zwischen Ignoranz oder Mitgefühl.

Zwischen Zerrissenheit oder innerer Ruhe und Frieden.

Und zwischen Hass oder Liebe.

Hast du dich nie gefragt **wo** denn genau das "Unglücklich sein" sitzt? Wo der Auslöser dafür ist? Was bedeutet es denn, wenn die großen Philosophen oder Mystiker immer recht "gescheit" behaupten, dass alles **in** uns ist? Wir müssten nichts Außen suchen?

Ich sage dir, welche Antwort ich gefunden habe. Vielleicht wird dir diese Erkenntnis weiterhelfen, vielleicht auch nicht. Das musst du selbst herausfinden:

Dieser Krieg, diese Hölle auf Erden, findet in erster Linie in unseren Köpfen statt. Das Leid im Außen spiegelt nur den Wahnsinn, der sich in unseren Köpfen abspielt und wird somit sichtbar.

Ich behaupte das Ego, das ständig böse Dinge einflüstert, ist wirklich ein Teufelchen. Ja es ist das Gegenteil von Liebe, Mitgefühl und Güte.

Das Ego ist die Versuchung.

... und führe uns nicht in Versuchung, sondern erlöse uns von dem Bösen.

Es ist ein Akt der Gnade, wenn Menschen erleuchtet werden, so scheint es. Vielleicht ist auch nur die Zeit reif. Viele Inkarnationen haben diese Seelen durchlebt und noch viel mehr erlebt. Unzählige Erfahrungen wurden gesammelt. Dann ist eines Tages **der** Tag gekommen und sie erleben dieses Gefühl, das sich schwer beschreiben lässt. Dann ist das Ego weg oder hat sich irgendwo verkrochen, so dass es nicht oder kaum mehr, wahrgenommen wird. So wird es von erleuchteten Menschen beschrieben.

Ich denke, wenn die Seele an einem gewissen Punkt ihre Lernaufgaben alle gemeistert und es endlich "gecheckt" hat, wie es läuft, dann kommt dieser herbeigesehnter Zustand automatisch, da müssen wir niemanden darum bitten.

Sinnvoller ist es, sich mit sich selbst und seinen Gefühlen zu beschäftigen, um negative oder sogar böse Gedanken oder Gefühle aufzulösen beziehungsweise durch liebevolle zu ersetzen.

So, wenn du jetzt weißt mit wem du es zu tun hast, dann kannst du auch dagegen steuern. Stell dir doch einmal die Frage:

Warum sollte ich denn dem Teufel glauben schenken und noch viel schlimmer, nach seinen Anweisungen handeln?

Will ich das wirklich?

Will ich der Dunkelheit dienen?

Wenn du ein Mensch auf der Suche nach einem besseren Leben, sagen wir einmal einem bewussten Leben bist, (davon gehe ich aus, sonst würdest du sicherlich nicht bis hierher gelesen haben) kommst du an deinem Ego nicht vorbei.

Du kannst immer wählen: Glaubst du deinem Ego oder handelst du aus der Liebe.

Liebe beurteilt nicht, sie wertet niemals. Liebe ist bedingungslos. Dazu braucht es keine Gedanken- dazu **darf** es **keine** Gedanken geben.

Liebe kommt aus dem Herzen, aus dem Bewusstsein und nicht aus dem Verstand.

Um wirklich auf dieser Erde glücklich zu sein, musst du, solange du noch nicht erleuchtet bist, dein Ego so gut es geht ignorieren, sonst kannst du gar nicht glücklich sein.

Ich weiß es kommen jetzt auch Einwände: Wir sind ja alle schon erleuchtet und haben es nur vergessen, dass es so ist. Das stimmt, diese Erkenntnis ist aber im Alltag, der zunehmend hektischer wird in unserer Gesellschaft, leider nur wenig hilfreich. Ich war immer auf der Suche nach einem Werkzeug, um hier auf der alten Erde so glücklich wie nur irgendwie möglich zu werden. Klar kommen immer höhere Bewusstseinszustände, je mehr man in der Liebe lebt. Je öfter man aus dem Verstand heraus geht und auf sein Gefühl hört, wird es zunehmend leichter.

Körperliche Beschwerden verschwinden nach und nach, Mangel verzieht sich auch- kurz alles läuft.

Das kommt alles automatisch. Das ist dann die Energie, die du losgetreten hast. Es verselbständigt sich dann.

Logisch: **Hohe** Schwingung kann dann ja nur noch **hohe** Energien anziehen. Dann wird es auf einmal ganz leicht. Das ist schön. Wenn du eine hohe Schwingung erreicht hast, kannst du auch die **neue** Erde besuchen. Dann passt du durchs Nadelöhr.

Ich fasse dir noch einmal die wichtigsten Schritte zusammen:

Zusammenfassung mit Praxisanleitung

Du hast jetzt einiges gelesen, wie es sich mit dem sogenannten Ego, oder dem Teufelchen auf deiner Schulter, so verhält. Jetzt bist du vielleicht hochmotiviert und möchtest sofort loslegen um endlich diese innere Ruhe und Gelassenheit zu finden. Du möchtest ein liebevoller Mensch sein, der gütig und mitfühlend ist. Diese schlechten Gedanken die dich plagen möchtest du so schnell wie irgendwie möglich loswerden.

Dann sage ich dir gleich: Lass auch diesen Gedanken schnell wieder los. Dein Ego ist nicht nur schlau sondern wirklich sehr sehr intelligent. Es kann sich anpassen, man könnte auch sagen es ist flexibel.

Falls du auch schon einige Jährchen auf deinem Tacho hast, wirst du mir sicherlich zustimmen, dass du heute nicht mehr der selbe Mensch bist, als früher. Deine Interessen werden nicht mehr die selben sein, als mit 20 Jahren. Es kann sogar sein, dass sich deine gesamte Weltanschauung komplett verändert hat.

Wenn das Ego dumm und einfältig wäre, dann würde es dir mit vielleicht 50 Jahren, immer noch einreden wollen, dass du ohne Föhnfrisur nicht das Haus verlassen solltest und dass es uncool ist eine Familienkutsche zu fahren. Damit würde es bei dir vielleicht ein müdes Lächeln auf dein Gesicht zaubern, aber sicherlich keine schlechten Gefühle hervorrufen.

Sagen wir einmal, du bist jetzt ein spiritueller Mensch geworden, sehr naturverbunden und findest Umweltzerstörung katastrophal.

Das Teufelchen kennt dich so gut wie kein anderer hätte ich beinahe gesagt, nein dein Geistführer kennt dich mindestens genauso gut...

So jetzt wird dich die Versuchung natürlich in einem neuen Kleid besuchen:

Da kommt dann beim nächsten Kaffeeklatsch mit der lieben Familie gleich einmal ein Umweltthema auf den Tisch. Der Schwiegermutter und dem Schwager geht die Natur völlig am Allerwertesten vorbei, während du mit hochrotem Kopf auf die zwei völlig unbewussten Zeitgenossen, eintrichterst.

Du verstehst sicherlich auf was ich hinaus möchte? Sei nicht nur achtsam sondern auch wachsam. Das Ego ist raffiniert, es findet immer einen Weg dich aus der Reserve zu locken. Es kennt dich seit Anbeginn und kennt deine Gewohnheiten, Vorlieben, Stärken aber auch Schwächen ganz genau.

So geht es auch den armen suchtgeplagten Erdenbürgern. Da ist der Stoff, der die Sucht hervorruft völlig egal, der schmerzhafte Ausstieg aus diesem Teufelskreis ist fast unmöglich, oder zumindestens wirklich anstrengend und meist lebensbegleitend.

Wenn du auch zu diesen Menschen gehörst, die sich schon einmal eine Sucht abgewöhnt haben, dann kennst du besser als jeder andere, das Teufelchen auf deiner Schulter:

"Komm, die eine Zigarette, bringt dich doch nicht um!"

"Das Bierchen hast du dir wirklich verdient, du gönnst dir ja sonst nichts"

Wir haben immer eine Wahl:

Geben wir der Stimme nach und führen das aus was sie sagt oder:

Drehen wir uns um und sagen: "Bla bla bla", oder "Es interessiert mich nicht, was du zu sagen hast".

Gehst du so oder so ähnlich vor, signalisierst du dem Ego, dass es dir egal ist was es zu sagen hat, du nimmst sozusagen die Energie heraus. (Dazu gleich ein bisschen mehr) Da ist der Wortlaut völlig bedeutungslos. Suche dir selbst ein oder zwei solcher Sätze aus, die du sonst auch sagst, wenn dir etwas völlig wurscht ist. Ich schreibe dies ganz bewusst in einer ganz "normalen Umgangssprache", das ist meiner Meinung nach sehr wichtig.

Meine Erfahrung hat gezeigt, Werkzeuge anderer Menschen zu kopieren, nur weil sie spirituell sehr bewusst sind, funktioniert nicht. Das sind nicht **deine** Worte oder Überzeugungen. Du hast nur etwas von einem anderen Menschen kopiert und denkst es ist ein Rezept das bei allen wirken sollte. Die Grundidee vielleicht schon, aber es müssen **deine** Worte und **deine** Überzeugungen sein. Ganz ehrlich, zu Zeiten als mein Ego besonders stark war und überhaupt nicht mehr aufhören wollte mich zu drangsalieren, habe ich wie bei einem Mantra immer und immer wieder gesagt: "Halt doch mal ......" (Ich möchte diesen Satz nicht ausschreiben.) Es ist völlig egal wie der Wortlaut ist, wichtig ist nur, dass es **dein** Ausspruch ist und dass er parat ist, wenn du ihn brauchst.

Wie versprochen noch etwas zum Thema "Energie herausnehmen":

Du wendest dich in dem Moment ab, wenn dein Ego anfängt dir etwas böses einzureden. Damit nimmst du die Energie heraus.

Das ist sehr entscheidend. Würdest du jetzt anfangen alles mögliche "aufzulösen" "wegzuschicken" oder sonst irgendwie zu bekämpfen, lädst du die Situation unnötig mit Energie auf und dein Ego wird, anstelle sich wieder zu verdünnisieren, sogar noch größer und stärker. Das nennt man dann kontraproduktiv.

Bitte verwechsle das nicht mit einer Situation, in der du vielleicht gerade Angst hast oder einen Wutanfall bekommst. Da solltest du sogar deine Gefühle bewusst fühlen um sie dann gehen zu lassen.

Ich spreche hier aber von ganz normalen Lebenssituationen in denen dein Teufelchen dir Blödsinn einredet. Da ist es gut und richtig einfach nicht zuzuhören, sich abzuwenden und einfach ganz normal weiterzuleben als ob nichts gewesen wäre.

Du kommst nach einem anstrengenden Arbeitstag nach Hause, es sieht aus, gelinde ausgedrückt, wie nach einem Angriff der Alliierten im Krieg.

Dein Ego hat natürlich Oberwasser, klar du bist kaputt, müde und hungrig. Die allerbesten Voraussetzungen, dass du deinem Ego glaubst und darauf reagierst.

Gemein wie es ist fängt es gleich munter zum sabbeln an: " Oh je, oh je, oh je! Wie sieht es denn hier aus! Sag einmal was haben die kleinen Gören schon wieder fabriziert. Die Küche, sieht ja aus wie ein Schlachtfeld. Auf dem Fußboden bleibt man gleich kleben! Wo in aller Welt ist eigentlich der Herr des Hauses? Ah ja der liegt natürlich gemütlich vor dem Fernseher mit seinem Bier und den Chips, der lässt es sich ja gutgehen, während ich den ganzen Tag schufte, einkaufen gehe und jetzt noch eine Stunde am Herd stehe. Und das soll ich mir gefallen lassen?" So oder so ähnlich könnte es sich in deinem Kopf anhören. Das ist weiter nicht schlimm. **Noch** sind es lediglich Worte in deinem Oberstübchen, sonst nichts. Wenn du vielleicht schon sehr weit bist und bis jetzt noch total cool geblieben bist- spätestens bei dem freundlichem Zuruf deines Ehemannes: "Schatz wann gibt es denn Abendessen?", wird deine Achtsamkeit auf eine sehr harte Probe gestellt. Ganz ehrlich, wer jetzt noch ruhig und gelassen bleibt und seinem Teufelchen auf der Schulter, die **kalte Schulter** zeigt, ist möglicherweise im Hand umdrehen erleuchtet. (grins)

Nein aber mal ganz im Ernst: Bist du vielleicht noch nicht ganz so weit und fängst jetzt mit dem restlichen sauberen Geschirr zu werfen an, dann hast du anschließend noch ein zusätzliches Problem: Noch mehr Dreck. Gut, es ist dir sicherlich leichter und wohler, du hast ja deinem Ärger mächtig Luft gemacht. Wirklich weiter gebracht, hat dich diese Aktion allerdings nicht.

Du kannst auch nach dem Schema vorgehen: Liebes Ego, nerv mich jetzt du nicht auch noch, sei einfach still.

Dann könntest du deine Kinder und Ehemann rufen um mit allen zusammen den Saustall aufzuräumen und anschließend gemeinsam das Essen zu kochen. Ohne Streit, ohne Wut, einfach so...

Schau die Situation ist wie sie ist. Das lässt sich in dem Moment nicht mehr ändern. Das Chaos wurde in der Vergangenheit produziert, es lässt sich nicht mehr rückgängig machen. Die Vergangenheit ist vorbei. Reagieren kannst du nur in der Gegenwart. Da ist es immer sinnvoll nur den **Ist-**Zustand zu betrachten, um das was die Situation erfordert auch zu veranlassen.

Solltest du auf die Idee kommen und nach dem Abendessen der gesamten Familie eine Standpauke zu halten, führst du auch hier nur des Teufelchens Plan aus. Das Bewusstsein würde niemals auf die Idee kommen über vergangene Geschehnisse zu sprechen, das ist typisch für das Ego. Also lass es lieber sein. Deine Liebsten werden das nächste mal sowieso wieder Chaos anrichten, ob **mit** großem Geschrei oder **ohne**. Gewisse Dinge ändern sich sowieso nicht, dann kann man ihnen auch ihren Lauf lassen, und nicht noch zusätzlich schlechte Energie erzeugen.

Hier fällt mir noch etwas wirklich Schönes ein:

Weißt du, wenn du lernst die Dinge laufen zu lassen, also wirklich keine Energie mehr in Situationen steckst, die sich nicht ändern lassen, dann passiert etwas total verrücktes:

Plötzlich ändern sie sich!

...von ganz alleine!

Das habe ich oft erlebt. Wenn ich sage oft, dann meine ich oft!

Als ich von diesen geistigen Gesetzen noch nichts wusste, habe ich in manche Situationen viel Energie reingesteckt um sie zu ändern, so wie ich sie gerne gehabt hätte. Was habe ich da alles probiert. Ich konnte so vieles nicht verstehen, warum zum Beispiel jemand so ist wie er ist, oder so handelt wie er handelt. Das brachte mich nicht selten zur Weissglut.

Dann, als ich eines besseren belehrt wurde und die Zusammenhänge erkannte und auch lernte die geistigen Gesetze anzuwenden, nahm ich immer mehr meine Energie heraus. Ich lernte es laufen zu lassen und mich nicht ständig einzumischen.

Dann kamen die ganzen "Wunder". Plötzlich **ohne** irgendetwas zu tun, veränderten sich die Situationen an denen ich manchmal jahrelang herumgedoktert habe wie durch Zauberhand, und noch faszinierender war- auch Menschen veränderten sich, genauso wie ich sie immer haben wollte. Ich weiß das klingt echt spuki, aber es ist wirklich wahr. Das funktioniert. Du wirst es selbst erleben, garantiert.

Die 10 wichtigsten Punkte für deine Ego-Zähmung

Die Überschrift dieses Kapitels bezeichnet es richtig: Ego-Zähmung.

Bekämpfung wäre die falsche Bezeichnung, da Kampf immer nur zusätzlich schlechte Energie in die Situation hineinpumpt. Das ist kontraproduktiv, also ein sogenanntes Eigentor.

Ego-Auflösung ist fraglich, ob das in der Dualität vollständig funktioniert. Ich denke nicht. Wie das Wort Dualität schon aussagt, leben wir mit der dunklen und hellen Seite. Das ist halt so. Wenn es nicht so wäre, dann sind wir entweder erleuchtet, oder schon auf der neuen Erde, also auch egolos. Wobei einzuschränken ist, dass erleuchtete Personen auch noch ein Ego haben, aber es interessiert sie keinen Deut mehr, folglich verhält es sich permanent still, zumindestens wird es so von den meisten berichtet die diesen Akt der Gnade schon erleben durften.

Also du hattest bis hierher Interesse an dem Thema Ego-Bezähmung und möchtest die Sache angehen? Gut hier der 10 Punkte-Plan:

1. Sei achtsam

Übe dich **immer** in Achtsamkeit. Zumindestens jedes Mal, wenn du daran denkst. Sei auf der Hut, jeden Augenblick deines Lebens könnte dir das Teufelchen etwas einreden wollen. Ob beim Autofahren, in der Arbeit oder zuhause bei der Familie, du bist nie sicher, ganz im Gegenteil, wenn du denkst, jetzt hast du endlich Ruhe kommt garantiert in kürzester Zeit ein erneuter "Angriff". Also pass **immer** auf!

2. Sei gut zu dir

Meine Erfahrung hat gezeigt, in Situationen, in denen ich nicht in meiner Kraft war, hatte das Ego besonders leichtes Spiel. Damit meine ich konkret auch körperliche Bedürfnisse. Ist ja klar, wenn man hungrig wie ein Bär oder gar müde ist, lässt die Achtsamkeit nach. Das wird jeder Berufskraftfahrer bestätigen- zuwenig Pausen können da schon einmal gefährlich werden. Also lege regelmäßig Rast ein. Selbst wenn die Arbeit sich türmt und du dich müde oder matt fühlst, lege ein Päuschen ein, dann geht es anschließend sowieso viel leichter von der Hand. Und: Du bist ausgeruht und auf der Hut, wenn das Teufelchen wieder nervt.

3. Erhöhe deine Schwingung

Alles ist Energie und schwingt. Du wechselst täglich sehr oft deine Schwingungsfrequenz, das ist völlig normal. Nur wirklich sehr routinierte Meister der Spiritualität können ihr Schwingungsniveau permanent hochhalten. Das ist alles Übungssache. So wie es auch Profisportler gibt, die selten schlapp machen, so ist das bei den geistigen Übungen genauso. Anfangs bist du noch kein Profi, also erwarte auch nicht, dass du ein permanent hohes Schwingungsniveau halten kannst. Sei zufrieden mit den kleinen Erfolgen. Wenn du wieder einmal absackst, macht das nichts aus. Na und? Unten angekommen, kletterst du einfach wieder nach oben. Da ist kein Problem. Ein Problem entsteht erst, wenn du anfängst dich darüber zu ärgern, dass du wieder einmal unbewusst warst und vor lauter Wut eine Tupperschüssel an die Wand gepfeffert hast.

Alleine die Tatsache, dass du es bemerkt hast, ist schon ein Fortschritt. Schau, der größte Teil der Bevölkerung ist sich seiner Unbewusstheit überhaupt nicht bewusst. (Unbewusstheit nicht bewusst... das hört sich lustig an!)

Alles was dir hilft wieder "oben" zu sein ist toll. Da hat jeder sein eigenes Geheimrezept. Egal was, Hauptsache es hilft, damit du wieder deine Schwingung anhebst. Dann bist du, zumindest fast, unangreifbar für das Ego. Oben bist du kaum erreichbar. In die hohen Frequenzen zu kommen, fällt dem Teufelchen offensichtlich sehr schwer. Das ist auch die Erklärung dafür, dass dieser nervige Zeitgenosse immer wieder in die Trickkiste greift, um dich auf ein Niveau zu ziehen, auf dem er auch agieren kann. Also wenn du Ruhe haben willst, dann solltest du dir zum Ziel machen sooft wie möglich ganz oben zu sein.

Hier ein paar Beispiele die mir persönlich helfen schnell wieder hinaufzuklettern:

- Musik (das geht am schnellsten)

- Lachen (wenn es gerade nichts zu lachen gibt, einfach bei YouTube ein lustiges Filmchen einlegen, dann funktioniert das mit dem Lachen auf alle Fälle)

- leckeres Essen, vielleicht ein Eis...

- schlafen

- in der Sonne sitzen

- Brennnesseltee, am besten frischer (du hast richtig gelesen, das hilft mir sofort wieder oben zu sein, besser sogar als Kaffee)

Achtung: Vorsicht bei Alkohol. Das hilft nur kurzzeitig. Alkohol öffnet Tür und Tor für niedrige Schwingung und Wesenheiten. Ist nicht unbedingt zu empfehlen. Ich weiß so ein Bierchen oder ein Glas Wein tut gut und hebt die

Stimmung, ist aber leider nicht ganz unproblematisch. Da kann die Stimme im Ohr ganz schnell besonders laut werden. Aber das musst du selbst ausprobieren.

4. Ignoriere konsequent das Geplapper

Jetzt ist es wieder einmal so weit und dein Ego will dir etwas von assligen Arbeitskollegen erzählen...

Höre nicht hin, wende dich einfach ab. Glaube ihm kein einziges Wort. Ich hoffe du hast deinen Satz parat: "Ich glaube dir kein Wort" , "bla bla bla". Wiederhole das so lange, bis die Stimme wieder verstummt. Glaub mir sie hört schon auf wenn sie merkt, dass du nicht darauf reagierst. Dann wird es wieder ruhig und du hast deinen Frieden. Du hast vor allen Dingen nicht reagiert und somit auch kein Unrecht getan. Dann bist **du** der Sieger und nicht die Dunkelheit. Bis zum nächsten Mal. Du hast eine von vielen Schlachten gewonnen, aber sei dir bewusst es werden noch viele folgen.

5. Übe dich in der Liebe

Versuche sooft wie du nur irgendwie kannst liebevoll zu sein. Sei liebevoll zu deiner Familie, deinen Freunden, Bekannten und auch zu fremden Menschen. Gib dir richtig Mühe, wenn du das Haus verlässt, dass du dein schönstes Gesicht aufsetzt! Lächle jeden Menschen an, den du triffst. Du wirst sehen wie sie sich freuen. Trage die Liebe in deinem Herzen. Dann hast du automatisch die höchste Schwingungsebene erreicht, die es für Menschen überhaupt zu erklimmen gibt. Das sind echte 100 Punkte! Betrachte die Welt mit deinem Herzen, dann wirst du Dinge sehen, die du niemals für möglich gehalten hast. Du kennst ja den bekannten Spruch: Man sieht nur mit dem Herzen gut...

Falls du einen Partner hast: Schau ihm oder ihr Mal ganz tief in die Augen, genauso wie am Anfang eurer Beziehung. Versuche die Liebe wieder zu spüren wie in den ersten Tagen. Das ist ganz toll. Probiere es einmal aus, du fühlst dich gleich wieder total jung.

6. Sei wie ein Kind

Kinder haben ja noch kein Ego, das kommt erst im Laufe der Zeit. Dafür sorgt schon die Erwachsenenwelt... Folglich ist es ein guter Rat soviel und sooft wie es nur immer möglich ist, kindisch zu sein. In diesem Zustand hast du definitiv Ruhe vom Ego.

Da könnte ich dir eine Reihe Ratschläge geben, das würde dir aber nichts nützen. Jeder Mensch findet etwas anderes lustig und kann sich über unterschiedliche Situationen im Leben vor Lachen kugeln.

Mein Leitspruch ist:

Ist der Ruf mal ruiniert lebt es sich völlig ungeniert!

Ich habe ja schon ein paar Jährchen drauf gefahren, fühlte mich bis dato noch niemals alt. Wenn ich mein Umfeld so ansehe, wundere ich mich immer wie sie alle alt werden, nur ich nicht! Gut die eine oder andere Falte ist ja schon da, das gebe ich zu, vielleicht leide ich auch an Realitätsverweigerung. Aber mal ganz ehrlich, lieber fühle ich mich bis zu meinem Tode jung und und sehe meine Falten nicht, als dass ich schon ab 35 zu jammern anfange. Ich persönlich fühle mich keinen Tag älter, als ich mich mit 18 Jahren fühlte.

Nur ein kleines Beispiel:

Als ich mit meiner Tochter (28 Jahre alt) einen Krankenhausbesuch machte, gingen wir im Park spazieren. Da waren so kleine Tiere aus Plastik, die auf einer Feder befestigt waren. Also das war für Kinder bis maximal 6 Jahren zum Schaukeln gedacht. Meine Tochter und ich haben uns jeder so ein Tierchen geschnappt und haben fleißig drauflos gewippt. Ich wäre beinahe vor Lachen heruntergefallen. Das war an Peinlichkeit nicht zu übertreffen. Aber weißt du was? Wenn ich mir das Video wieder mal ansehe, könnte ich mich noch immer wegschmeißen!!! So etwas vergisst man nie!

Nochmal zur Erinnerung: Wenn du solche Schoten bringst, hat das Teufelchen keine Chance dich herunterzuziehen. (höchstens vielleicht von der Wippe schubsen..)

7. Versuche es einmal mit Meditation

Ja ich weiß, das ist ähnlich wie mit dem Heilfasten. Mit Meditation ist auch kein Blumentopf zu gewinnen. Ich will mich da auch nicht unbedingt unbeliebt machen und fasse mich kurz: Ich finde es klasse, es hat mir sehr geholfen Ruhe in meinen Kopf zu bekommen. Es hilft sehr, wenn man bewusster leben will.

Ich selbst verwende keine geführte Meditation mit einer CD, ich gehe geistig meinen Weg und wandere auf der neuen Erde herum und verbringe da Zeit mit meinen Freunden aus der geistigen Welt.

Ich lege es dir sehr ans Herz. Viele Jahre lang habe ich mich dagegen gewehrt, ich wollte einfach nicht meditieren. Dazu war ich viel zu wuselig und temperamentvoll. Ich konnte niemals eine Stunde, ach nicht einmal eine Viertelstunde, geistig ruhig werden und abschalten. Bei mir ratterte es wirklich pausenlos. Es war furchtbar. Wenn ich zum Beispiel spazieren ging, fanden sogar richtige Gespräche in meinem Kopf statt. Als ich dann regelmäßig meditierte spürte ich eine wesentliche Erleichterung. Eine echte Hilfe.

8. Verzichte auf Bewunderung oder Lob

Das sind gefährliche Ego-Fallen. Beobachte dich selbstkritisch, wie du auf Lob reagierst. Wächst du vielleicht um ein paar Zentimeter, wenn dir jemand ein Kompliment macht? Freust du dich über einen Geburtstagsglückwunsch? Versuchst du bewusst anderen Menschen von deinen "Glanzleistungen" zu berichten, nur damit du in irgendeiner Form eine Bewunderung einheimst?

Das sind Fallstricke des Teufelchens! Versuche dir diese Eigenschaften abzugewöhnen. Das Ganze hat nebenbei auch einen angenehmen Nebeneffekt:

Wenn du dich nicht über ein Kompliment freust, dann bist du auch nicht enttäuscht, wenn du keines bekommst, oder noch besser: Wenn jemand schlecht über dich spricht, ist dir das auch egal.

Das nennt man Anhaftungen auflösen.

Du erreichst allmählich eine sogenannte 0-Linie. So eine Art Mittellinie. Da gibt es keine großen Ausschläge mehr nach oben, aber auch nicht nach unten.

Dir wird es allmählich völlig egal was andere über dich sagen oder was sie von dir denken. Du lechzt nicht mehr nach Lob oder Anerkennung. Es hat keine Bedeutung mehr, dann kehrt Ruhe ein.

Auch dieser Zustand wird vom Teufelchen nicht gerne gesehen- hier hat er es äußerst schwer dich aus der Reserve zu locken. Da wird dein Ego machtlos. Perfekt!!

9. Konzentriere dich ganz auf dein Leben, JETZT

Solltest du ein begeisterter Leser spiritueller Schriften sein, wirst du jetzt sicherlich gelangweilt gähnen und denken: "Nicht schon wieder! Fällt der Paula denn nichts Neues ein?"

Tja, so ist das, wir sind schon so gehirngewaschen, dass wir permanent das Rad neu erfinden möchten, nur um wieder etwas **NEUES** zu finden. Etwas, das **die** Lösung schlechthin ist. Eine Zauberformel oder irgendein jahrtausendjahre altes Mantra aus einem versunkenen Land sollte es da mindestens schon sein, um die Menschen hinter dem Ofen hervorzulocken.

In meinen Publikationen wirst du diese Art von "unseriösen" Anleitungen nicht finden. Jetzt wird es wieder Zeit meinen Leitspruch anzuführen:

Die Wahrheit ist immer ganz einfach-

ist etwas kompliziert,

ist es nicht wahr.

Von mir wirst du nur über die Wahrheit lesen können. Natürlich ließe sich diskutieren, ob **meine** Wahrheit auch **deine** Wahrheit ist. Einfacher aber als darüber zu diskutieren ist der Weg der Selbsterkenntnis. Du kannst nur **deine** Erkenntnisse erlangen. Du findest bei mir vielleicht den einen oder anderen für dich wertvollen Tipp- herausfinden musst du es schon selber, ob es für dich auch funktioniert. Das geht ganz einfach: Du probierst es einfach aus, verlieren kannst du nichts- du kannst nur gewinnen: Du erlangst neue Erkenntnisse! So entsteht dann **deine** Wahrheit. Aber zurück zum **JETZT**.

Diese Erkenntnis, dass das Leben immer nur **JETZT** stattfindet, ist nicht neu, aber wahr. Ich denke sie ist nicht nur für mich wahr.

Ich gebe dir den Tipp dich voll und ganz auf den Moment zu konzentrieren. Da ist, es egal, ob du Rasen mähst, Schafe hütest oder ein Meeting leitest. Gehe ganz auf in dem Moment, denn nur da lebst du wirklich. Immer wenn du in Gedanken bist und etwas für die Zukunft planst oder über die Vergangenheit nachsinnst, bist du nicht im Leben, sondern irgendwo, aber ganz sicher nicht da. So verspaßt du so viele schöne Momente im Leben. Irgendwann blickst du zurück und erkennst, dass du die meiste Zeit "woanders" verbracht hast. Das ist schade um die schöne Lebenszeit.

Wir sind hier auf der Erde um Erfahrungen und Erkenntnisse zu sammeln, aber auch um einfach nur "schöne Momente" zu sammeln. Wenn du mal alt und vielleicht gebrechlich bist, kannst du dann von den schönen Momenten, die du gesammelt hast, zehren. Die nimmst du dann in einem kleinen Rucksack mit in das Jenseits oder auf die neue Erde.

Mein Ziel ist es möglichst viele schöne Momente zu sammeln. Das finde ich toll und das macht richtig Spaß!

10. Fasse einen Entschluss

Ich möchte dir noch einen Tipp aus meiner Erkenntnis-Kiste geben. Immer wenn ich etwas im Leben erkannt habe, also wenn es endlich "klick" gemacht hat und der Groschen gefallen ist, habe ich symbolisch das Neue bekräftigt. So mache ich das immer:

Ich gehe in Meditation (ich weiß, das magst du vielleicht nicht- egal, du kannst dich ja auch mal ruhig hinsetzen und die Augen schließen) und stelle mir vor was ich beenden und neu beginnen möchte.

Nehmen wir doch einmal das aktuelle Beispiel mit dem Ego.

Da ging ich in Resonanz zur bedingungslosen höheren Liebe, habe mich mit Mutter Erde verbunden (also lange Wurzeln von meinen Fußsohlen ausgehend, in die Erde gesteckt) und anschließend mit der Urquelle. (Hier verbinde ich mich mit einer Art Schnur von meinem Herzen ausgehend zur Urquelle (das ist eine Wasserquelle)).

Dann stellte ich mich vor das Teufelchen und sagte ihm, er kann mir ab sofort den Buckel runterrutschen. Er könne mich nicht mehr aus der Reserve locken und glauben tu ich ihm auch nichts mehr!

Fertig.

Das war eine klare Ansage.

Dann drehte ich mich um und das Teufelchen löste sich in Luft auf.

Wie und mit welchen Worten du das machst, ist völlig egal. Das geht ruck zuck und es muss kein großes Brimborium sein. Es muss von Herzen kommen und dein ehrlicher Entschluss sein. Wenn ich solche Rituale mache, bade ich gerne anschließend in der Urquelle. Das ist so eine Art Reinigung, damit das Alte abgewaschen wird.

Auf diese Art und Weise verfahre ich immer, wenn ich etwas loswerden möchte, sozusagen als Startschuss. Sehr empfehlenswert ist solch ein Ritual auch bei Süchten- oder aber auch bei irgendwelchen anderen "schlechten" Angewohnheiten.

Kurz und knapp:

Die Stimme in deinem Kopf drängt dich in Endlosschleife, du solltest jetzt augenblicklich deinem Kollegen den Kopf waschen, das ist ja allerhand was sich der wieder geleistet hat. Lass dir das auf keinen Fall gefallen...

1. Ignorieren mit deinem persönlichen Satz (zum Beispiel: Ich glaube dir kein Wort)

2. Ignorieren mit deinem persönlichen Satz (zum Beispiel: Ich glaube dir kein Wort)

3. Ignorieren mit deinem persönlichen Satz (zum Beispiel: Ich glaube dir kein Wort)

usw.

wiederhole **deinen** Satz immer und immer wieder, bis die Stimme still ist.

Wasche ihm bloß nicht den Kopf, sondern ignoriere diese Botschaft in deinem Kopf konsequent. Irgendwann gibt das Ego auf. Dann hast du Ruhe. Es ist wirklich so leicht. Falls es ganz schlimm ist, denke immer daran: Das ist der Teufel persönlich, der dich in Versuchung führt. Er will dich von deinem Energiepegel herunterziehen. Dann bist du auf seiner

Ebene und manipulierbar. Mach nicht mit bei diesem teuflischen Spiel. Sei liebevoll oder wenn es nicht anders geht: Sei einfach neutral. Natürlich heißt das nicht, dass man sich alles gefallen lassen und niemals etwas unternehmen sollte! Nein, ganz im Gegenteil! Es gibt Situationen, da sollte man seinen Mund aufmachen und auch Dinge verändern. Das ist wichtig. Du musst nur lernen die Situationen richtig einzuschätzen. Betrachtest du etwas von einem neutralen Standpunkt aus, vielleicht auch aus einem liebevollen, dann ist handeln eine gute Option. Sind es dagegen niedrige Beweggründe die dich antreiben, dann musst du aufpassen! Achtung Ego-Alarm!!!

Gut einschätzen kannst du die Situation, wenn du spürst, dir geht es jetzt nur darum, dass **du** dir Luft machst. Der andere ist vielleicht nur zur falschen Zeit am falschen Ort. Aber ich bin mir sicher, du wirst im Laufe der Zeit den Unterschied erkennen. Das ist alles Übungssache. Und vergiss nicht: Es ist noch kein Meister vom Himmel gefallen. Sei geduldig mit dir selbst. Du wirst noch sehr oft scheitern, bis es von alleine geht, oder zumindest fast von alleine. Gutes Gelingen!

Schlusswort

Jetzt hast du eine Menge über das Ego, dem kleinen Teufelchen auf deiner Schulter, gelesen. Solltest du jetzt hochmotiviert sein, um endlich Ruhe von diesem kleinen Plagegeist zu bekommen, dann kannst du jetzt loslegen. Nur so findest du **deine eigene** Erkenntnis. So findest du heraus, was wirklich wahr ist.

Wir Menschen sind hier auf dem Planeten gelandet, um etwas zu lernen und um uns weiterzuentwickeln. Als wir in diese dichte Dimension eingetreten sind, haben wir keinen Laptop, Bücher oder andere Hilfsmittel aus den höheren Sphären mitgebracht. Nein, ganz nackig sind wir angekommen.

Also wenn du dir das einmal richtig überlegst:

Du kommst auf die Erde, noch nicht einmal eine Hose an und sollst es schaffen deine Anhaftungen zu lösen, dein Ego in die Wüste schicken, fröhlich durchs Leben zu wandeln und vielleicht sogar die Erleuchtung erlangen. Dann **muss** ja die **Anleitung** woanders zu finden sein als in der Hosentasche! Klar, keine Hose, keine Hosentasche!

Freilich, die Antwort ist naheliegend. Die **Anleitung** zum glücklich sein ist **in** uns.

Du findest sie in deinem Herzen.

Siehst du es ist wirklich ganz einfach, muss es ja sein, sonst würden es Menschen die fernab jeglicher Zivilisation leben, niemals schaffen glücklich und egolos zu werden.

Jeder Mensch hat diese **Anleitung** wie es läuft in seinem Herzen. Der Schlüssel dazu ist die **Liebe.** Alles was du zu einem glücklichen Leben brauchst findest du hier.

Wenn sich das Teufelchen meldet und dir das nächste Mal Unsinn einreden will, ignoriere es konsequent. "Bla bla bla". Irgendwann ist es ihm wirklich zu blöd und es löst sich auf. Dann hast du es geschafft.

Führe **niemals** die bösen Anweisungen der Dunkelheit aus! Du verletzt damit andere Menschen und dich selbst. Garantiert bekommst du diese schlechten Taten oder Gedanken wieder zurückgeliefert. Es wird erst einmal umverpackt- aber zugestellt bekommst du es irgendwann garantiert, das ist sicher. Da gibt es dann auch nichts zu beklagen. Die Suppe hast du dir selber eingebrockt. Das Universum vergisst nichts.

Gehe so oft wie möglich in dein Herz, spüre die Liebe und sende sie aus. Schenke deine Liebe der ganzen Welt. Das wird vielen Menschen, Tieren und auch Pflanzen sehr gut tun. Sie werden sich freuen, diese liebevolle Energie verstärken und sie zu dir zurückschicken. Zukünftig wirst du gar nicht mehr fertig werden um die wundervollen Geschenke des Lebens zu öffnen. Freu dich darüber, das hast du dir verdient. Mach es dir jeden Tag zu deinem Ziel: So viele Menschen wie nur irgendwie möglich glücklich zu machen. Sei gut zu der Welt, dann ist sie es auch zu dir. Urteile niemals über einen Menschen, ein Tier oder eine Pflanze, dann wird dich auch niemand verurteilen. Lass den Dingen ihren Lauf. (Das tun sie sowieso, ob es dir passt oder nicht) Mische dich nirgends ein, dann verstärkst du keine Energien.

Erhöhe deine Schwingung sooft es geht. Finde heraus welche Werkzeuge dir helfen, deine Frequenz zu erhöhen.

Sammle viele viele schöne Momente. Die nimmst du eines Tages mit ins Jenseits oder auf die neue Erde. Bremse dich selber zwischendurch im Alltag aus und lege Zwangspausen ein, du wirst dich schnell wieder fit fühlen.

Sei schlau und lebe die Liebe, dann wirst du himmlisch beschenkt werden und ein sorgenfreies und glückliches Leben führen dürfen.

In diesem Sinne:

Ich wünsche dir viele schöne Momente in deinem Leben.

Sammle sie ein und bewahre sie alle in deinem Herzen auf.

Die Liebe und die schönen Momente nimmst du mit auf die neue Erde.

Deine

Paula Himmelreich

Printed in Poland
by Amazon Fulfillment
Poland Sp. z o.o., Wrocław

61579869R00049